Les pièces à succès. N° 14.   Prix NET : 60 c.

Les Affaires Étrangères

Un acte   par JULES LÉVY

AVEC DOUZE SIMILI-GRAVURES

PARIS. — Ernest FLAMMARION, éditeur, 26, rue Racine. — PARIS

EN VENTE :

1. — LUI ! un acte par Oscar Méténier. . . . . . Prix net 60 cent.
2. — LA CINQUANTAINE, un acte par Georges Courteline. Prix net 60 cent.
3. — LE MÉNAGE ROUSSEAU, un acte par Léo Trézenik. . . . . Prix net 60 cent.
4. — EN FAMILLE, un acte par Oscar Méténier. Prix net 60 cent.
5. — MON TAILLEUR, Comédie de Salon en un acte d'Alfred Capus. . . . . Prix net 60 cent.
6. — MONSIEUR ADOLPHE, un acte d'Ernest Vois et Alin Montjardin. . . . . Prix net 60 cent.
7. — LA CASSEROLE, drame en un acte, par Oscar Méténier. . . . . Prix net 60 cent.
8. — SILVÉRIE OU LES FONDS HOLLANDAIS, pièce en un acte, par Alphonse Allais et Tristan Bernard Prix net 60 cent.
9 et 10. — LA REVANCHE DE DUPONT L'ANGUILLE deux actes et trois tableaux, par Oscar Méténier. Prix net 1 fr. 20
11. — UNE MANILLE, un acte par Ernest Vois. Prix net 60 cent.
12. — LE SACREMENT DE JUDAS, un acte par Louis Tiercelin. . . . . Prix net 60 cent.
13. — LE GENDARME EST SANS PITIÉ, un acte, par Georges Courteline. . . . . Prix net 60 cent.
14. — LES AFFAIRES ÉTRANGÈRES, un acte, par Jules Lévy. . . . . Prix net 60 cent.

Chaque pièce est ornée de nombreuses simili-gravures

Les Affaires étrangères

PIÈCE EN UN ACTE

Représentée pour la première fois sur la scène du GRAND-GUIGNOL
le 16 décembre 1898

DU MÊME AUTEUR

NOUVELLES

Exposition de tableaux à la plume. 1 vol. Couverture illustrée par H. GRAY..................	3 fr. 50
Les Maris qui font rire. 1 vol. (3ᵉ mille). Couverture illustrée par Émile Cohl................	3 fr. 50
Parigotes! 1 vol. (5ᵉ mille). Couverture illustrée par Fernand Fau...................	3 fr. 50
Les Gosses de Paris (5ᵉ mille). 1 vol. Couverture illustrée par H. Gerbault.................	3 fr. 50
Belles de jour et Belles de nuit. 1 vol. (4ᵉ mille). Couverture illustrée par Ferdinand Bac.............	3 fr. 50
Chouette, v'là des artisses (5ᵉ mille). 1 vol. Couverture illustrée par H.-P. Dillon.............	3 fr. 50
Tout à la rigolade! (5ᵉ mille). 1 vol. Couverture illustrée par H.-P. Dillon................	3 fr. 50
Les Femmes à tout le monde (4ᵉ mille). 1 vol. Couverture illustrée par M. Neumont.............	3 fr. 50
Tout Ça... c'est des histoires de femmes (4ᵉ mille). 1 vol. Couverture illustrée par Ribera........	3 fr. 50

THÉATRE

Estelle au lansquenet. Comédie en un acte avec illustrations de Caran d'Ache.
La Douche. Comédie en un acte avec illustrations de M. Neumont.
Le Confident. Comédie en un acte avec illustrations de Henri Pille.
La Façon de penser. Comédie en un acte avec illustrations d H.-P. Dillon.
Ne varietur. Comédie en un acte.
Le Cabaret de la chanson. Opérette en un acte.
Vive la liberté! Revue en un acte.
Constatation! Revue en trois actes.
Croza la charmeuse. Fantaisie-revue en un acte en vers.
Hâtons-nous d'en rire! Revue en deux actes.
Molière aux enfers! Revue en trois actes.
La Parade du jubilé. Fantaisie-parade en un acte.
Pour la gosse! Comédie en un acte.

LIVRES POUR LES ENFANTS

La belle madame. Album illustré par Janel.
Mon ami Polichinelle! Album illustré par Émile Cohl.

38903. — Imprimerie LAHURE, 9, rue de Fleurus, Paris.

Jules LÉVY

Les Affaires étrangères

PIÈCE EN UN ACTE

PARIS
ERNEST FLAMMARION, ÉDITEUR
26, RUE RACINE 26

PERSONNAGES

RAOUL BARDOIN, célibataire et rentier, 35 ans . . . . MM. Pons-Arlès.
OCTAVE DAUBRUN, journaliste amateur, 32 ans. Jovenet.

IRÈNE FRÉMICHEL, 25 ans. . . . . Mmes B. Le Brec.
MATHILDE SOYARD, 28 ans. . . . . Berthe Royer.
CHRISTINE, bonne de Raoul, 40 ans. . . . Jeanne Leriche.

Les simili-gravures ont été reproduites d'après les photographies de MM. Cautin et Berger.

ACCESSOIRES

Un paravent; — une plante grasse; — un pied pour la plante; — une selle pour un buste de Platon; — le buste de Platon; — un buste de Minerve; — un petit meuble; — une étagère; — des lettres; — des journaux; — un timbre; — un voile pour le buste de Platon; — une carte de visite.

Les Affaires étrangères

Un petit salon, chez Raoul, à Origny (Aube). Ameublement simple et de bon goût : chaises, fauteuils, petites tables. A droite, derrière la table, une selle avec le buste de Platon; au premier plan, un vaste canapé avec un paravent et un phénix sur un pied. Au fond, porte de milieu donnant sur une terrasse avec vue sur un jardin; au fond, à gauche, une fenêtre; entre la porte et la fenêtre, un petit meuble avec le buste de Minerve. Au premier plan de gauche, porte conduisant à la chambre à coucher de Raoul; au premier plan de droite, porte conduisant à la salle à manger.

SCÈNE PREMIÈRE
CHRISTINE, puis RAOUL.

Christine, avec des journaux et des lettres à la main. — M'sieu! M'sieu!

Raoul, de sa chambre. — Je n'y suis pas!

Christine. — Ça n'est que moi, monsieur!

Raoul, de sa chambre. — Vous me jurez que vous êtes toute seule?

Christine, après avoir posé les journaux et les lettres sur le guéridon, crache par terre, lève la main droite en l'air et dit : — Je le jure!

Raoul. — Alors je puis me risquer. (Il entre en chantant; il a un petit complet d'intérieur assez coquet.)
   Salut, demeure chaste et pure,
   Salut, demeure chaste....
Alors pourquoi beuglez-vous comme ça?

Christine. — Ah! monsieur! si l'on peut dire! Je n'beugle pas, monsieur, je vous appelle parce que j'ai besoin de vous parler.

Raoul. — Ecoutez, ma bonne Christine : si je suis venu habiter ce pays totalement ignoré, c'est que je recherchais le calme le plus absolu; je vous engage donc à mettre une sourdine à votre timbre, qui est beaucoup trop élevé pour mes moyens.

Christine. — C'est bien, monsieur, je mettrai ce que vous dites.

Raoul. — Avec tout ça, j'ignore encore la raison qui vous a fait vous égosiller. Pourquoi avez-vous crié : M'sieu! m'sieu!

Christine. — C'est parce que les lettres et les journaux de monsieur viennent d'arriver.

Raoul. — Fallait donc le dire plus tôt. (Prenant un journal.) Voyons, vais-je avoir enfin la tranquillité? (Il parcourt le journal tout en chantant.)
      Liberté chérie!
      Seul bien de la vie!
Non. Le ministère est comme le veau d'or, il est toujours debout. Ah! ça, qu'est-ce qu'ils font, nos députés? Je vous le demande?

Christine. — Je n'en sais rien, moi, m'sieu!

Raoul. — Voilà six semaines que ce ministère dure et ils n'ont pas trouvé le moyen de le renverser! Avec leurs vingt-cinq francs quotidiens ils ne peuvent pas m'être agréables. C'est dégoûtant!

Christine. — Monsieur n'a pas l'air de vouloir sortir aujourd'hui; s'il vient du monde, qu'i qu'i faudra que j'dise?

Raoul. — Je n'y suis pour personne... pour personne, vous m'entendez! Excepté pour mon ami Octave Daubrun.

Christine. — V'là un monsieur que je n'connais pas!

Raoul. — C'est un très gentil garçon. Il vous remettra sa carte.

Christine. — Avec son nom dessus?

Raoul. — Bien entendu!

Christine. — Et s'il vient des dames?

Raoul. — Ah! non, non, zut! je n'y suis pas! (Chantant.)
      Pas de femmes! (*Bis.*)
(On sonne.) Allez voir ce que c'est. Si c'est Daubrun, annoncez-le, si c'est une autre personne, impitoyablement flanquez-là à la porte. Dites que je viens de prendre l'express pour... Madagascar.

Christine. — Bien, monsieur.
  (Elle sort.)

SCÈNE II

RAOUL seul, puis CHRISTINE.

Raoul. — Non, non, on n'a pas idée d'une existence pareille; c'est à devenir fou, ma parole d'honneur! N'avoir qu'un cousin et l'avoir ministre des affaires étrangères! Si au moins nous n'avions pas le même nom patronymique! mais voilà le chiendent: je m'appelle Bardoin, il s'appelle Bardoin. (S'approchant de la table.) Tous ces gens qui m'écrivent s'imaginent que je vais prendre connaissance de leur correspondance! S'ils se sont mis ça dans le toupet, ils se fourrent joliment le doigt dans l'œil; ces lettres iront rejoindre les courriers précédents. Flûte! je ne les lirai pas! (Déployant un journal.) Voyons au moins s'il n'y a pas une bonne interpellation en perspective!...

Christine. — Ah! ben, m'sieu, ça n'est plus une place tenable ici.

Raoul. — Qu'est-ce qu'il y a encore?

Christine. — Ils étaient trois qui voulaient absolument vous voir; il y avait deux dames et un homme.

Raoul. — Qu'est-ce qu'ils voulaient?

SALUT, DEMEURE CHASTE ET PURE

Christine. — J'en sais rien! Y avait Mme Brabançon, la femme du notaire.

Raoul. — En voilà une qui est cramponnante!

Christine. — Mme Tardieu, la femme de l'épicier.

Raoul. — Celle qui a un fils dans les postes?

Christine. — Tout juste! Et puis le père Molard, le conseiller municipal.

Raoul. — Vous les avez tous envoyés à la balançoire?

Christine. — Non, je leur ai dit d'aller vous chercher à Madagascar; ils veulent pas y aller, ils disent comme ça qu'ils reviendront tantôt pour savoir si vous êtes revenu.

Raoul. — Quelle existence! bon Dieu! J'ai bien envie d'aller y passer réellement une quinzaine, à Madagascar, en attendant la chute du ministère. (On sonne.) Laissez sonner!

Christine. — Mais si c'était votre ami?

Raoul. — Christine, vous pensez à tout. C'est bien, si c'est lui, introduisez-le, mais vous savez, pour les autres : Madagascar!

Christine. — J'ai compris, m'sieu, j'suis pas une bête, c'est vous-même qui l'avez dit.

(Elle sort.)

SCÈNE III

RAOUL, puis CHRISTINE, puis OCTAVE.

Raoul. — Brave fille au fond, cette Christine, et très dévouée. C'est encore quelqu'un qui doit avoir besoin de ma protection, de ma haute influence. O fatale parenté! fatale parenté!

Christine, criant du dehors. — M'sieu! M'sieu!

Raoul. — Qu'a-t-elle à rebeugler? (Christine entre.) Eh! bien, quoi? Est-ce que le feu est à la maison?

Christine. — Non, monsieur! C'est votre ami, M. Daubrun. V'là sa carte avec son nom dessus.
(Elle remet une carte à Octave.)

Raoul. — Octave! qu'il entre, et laissez-nous.

Christine, remontant sur la terrasse. — Entrez, m'sieu! monsieur vous attend.
(Octave entre et Christine sort.)

Raoul. — Octave!

Octave. — Mon vieux Raoul!

Raoul. — Ce cher Octave!
(Ils se serrent les mains.)

Octave. — C'est moi qui ai été épaté quand j'ai reçu ton mot! Je t'ignorais dans nos parages.

Raoul. — J'habite Origny depuis un an. Voyons, assieds-toi, mets-toi à ton aise, je suis enchanté de te revoir.

SOUVENIRS DU JEUNE AGE

Octave. — Et moi donc !

Raoul. — As-tu besoin de quelque chose? Veux-tu te rafraîchir?

Octave. — Non, merci, je ne prends jamais rien entre mes repas.

Raoul. — Pour un journaliste, c'est bien extraordinaire!

Octave. — Tu sais donc que je fais du journalisme?

Raoul. — Tu devais finir comme ça! Je te lis trois fois la semaine, je déguste *la Trompette Nogentaise* avec amour, et si je t'ai prié de venir me trouver, c'est que je compte sur ton influence.

Octave. — Oh! oh! mon influence!...

Raoul. — Inutile de faire le modeste, cela ne va pas à ton genre de beauté! Je sais ce que je dis; tu peux beaucoup pour moi.

Octave. — Je ne vois pas comment?...

Raoul. — Je vais t'expliquer la chose le plus rapidement possible.

Octave. — Sais-tu que voilà une belle pièce de sept ans que nous ne nous sommes vus.

Raoul. — Oh! mon vieux, si nous nous mettons à remuer les cendres du passé, nous n'aurons jamais le temps de parler du présent, et c'est urgent.

Octave. — Comme il te plaira!

Raoul. — D'abord, avant d'entamer mon affaire, je te préviens que je te garde à déjeuner.

Octave. — En venant ici, j'avais la ferme intention de m'inviter.

Raoul. — Alors, tout va pour le mieux. Or, voici ce que j'attends de toi : Il faut que dans les quarante-huit heures tu trouves le moyen de renverser le ministère.

Octave, bondissant. — Hein! quoi? Tu es fou!

Raoul. — Ne bondis pas, mon ami, ne bondis pas. Tu as devant les yeux l'homme le plus malheureux de France et de Navarre!

Octave. — Qu'est-ce que tu me chantes là? Tu es malheureux? Tu as des peines?

Raoul. — Énormes! Je suis trop influent!

Octave. — Je ne saisis pas.

Raoul. — Tu vas me comprendre. Le ciel ne m'a donné qu'un cousin, un seul, et cet animal-là s'est avisé de faire de la politique, il est aujourd'hui....

Octave. — Comment! tu es le cousin de Charles Bardoin, le ministre des affaires étrangères?

Raoul, piteusement. — Oui, mon pauv' vieux!

Octave. — Mais alors tu peux me rendre un grand service....

LA VICTOIRE EST A NOUS

Raoul. — Ah! non, je t'en prie, si tu le prends sur ce ton-là, je te fiche à la porte.

Octave. — Cependant, si tu es bien avec ton cousin, tu dois pouvoir beaucoup de choses.

Raoul. — De trop, mon cher, de trop, c'en est dégoûtant! Je suis l'homme qui ne rêve qu'une chose : la tranquillité la plus complète, et je ne puis l'avoir.
(Chantant.)
Ah! qu'il est doux de ne rien faire....

Je n'ai jamais été l'homme de la haute noce, tu te souviens bien qu'autrefois à Paris....
(Chantant.)
Souvenirs du jeune âge!...

Octave. — Ah! ah! tu reviens de toi-même sur le passé.

Raoul. — C'est sans le faire exprès! Je suis l'homme calme par excellence : les passions, les aventures, ça n'a jamais été mon affaire.

Octave. — Ce qui t'a permis de prendre un certain embonpoint.

Raoul. — Dont je suis fier, j'ose l'avouer.

Octave. — Tu vis seul, ici?

Raoul. — Tout seul! (Montrant le buste.) avec Platon!

Octave. — Tu n'as jamais amené une petite femme?...

Raoul. — Ah! mon ami, je suis très calme de ce côté-là. J'ai une petite camarade qui est modiste à Nogent, je vais la voir une fois par semaine, le dimanche, et cela suffit à mon bonheur.

Octave. — Mazette! tu n'es pas exigeant. Quant à moi, c'est tout le contraire. Des femmes, mon ami, des femmes! Il m'en faut! J'en veux! J'en demande!

Raoul. — Gourmand! Moi, j'en ai trop.

Octave. — Avec une seule?

Raoul. — Tu parles tout le temps, mon vieux, je ne pourrai jamais te mettre au courant.

Octave. — Vas-y!

Raoul. — A première vue, ça ne se voit pas, mais depuis six semaines je suis ce que l'on peut appeler un homme aimé des femmes.

Octave. — Veinard!

Raoul. — Tais-toi! Je dois cela à mon influence politique. Je n'en ai jamais fait, moi, de la politique! Mais Charles, mon cousin!... Ah! du jour au lendemain, il s'est découvert des aptitudes législatives. Voilà mon Bardoin député! A la Chambre, il ne parlait jamais.

Octave. — Si, il interrompait.

Raoul. — D'une façon insignifiante.

Octave. — Pardon! Un jour, il a dit au ministre de l'agriculture : « Monsieur, vous êtes une poire! » Il n'en fallait pas plus pour le rendre célèbre.

VOUS DEVEZ ME TROUVER BIEN IMPRUDENTE

Raoul. — Ce jour-là, il a perdu une belle occasion de se taire. Le président du conseil actuel, Michaud, a la mémoire fidèle, car lors de la formation du dernier cabinet, comme il n'arrivait que difficilement à le composer et qu'il avait essuyé sept refus successifs pour le portefeuille des affaires étrangères, il a eu la fâcheuse idée de l'offrir à Charles Bardoin, qui s'en est vivement emparé, sans songer, le misérable! qu'en acceptant cette situation il allait faire mon malheur.

Octave. — En quoi cela peut-il faire ton malheur?

Raoul. — Je te l'ai dit, mon vieux, je suis l'homme calme, l'homme auquel les émotions sont funestes; or, depuis six semaines j'ai maigri de douze livres.

Octave. — Un kilo par semaine, ça ne se voit pas.

Raoul. — Si je voulais, mon vieux, tout Origny serait cocu ce soir. J'avoue que je ne m'en sentirais pas la force, ce qui n'empêche que....
   (Chantant.)
   Toutes les femmes sont à moi!... (*Bis*).

Octave. — Mais c'est le rêve, ça, mon vieux, la femme mariée!

Raoul. — Pour ceux qui aiment ça. Moi, je me contente d'Ernestine.

Octave. — Ernestine, c'est ton petit ordinaire? La petite modiste de Nogent?

Raoul. — Tu l'as dit! Figure-toi, mon pauvre Octave, que du matin au soir mon logis est assailli par les femmes d'Origny. (On entend sonner.) Tiens, tu entends la sonnette?

Octave. — Oui!

Raoul. — C'est une femme qui la fait tinter, je ne m'y trompe pas, j'ai l'oreille fine et sensible, y a pas d'erreur!
   (Chantant.)
   Une femme.... (*Quater*.)
   Eh oui, pardieu, c'est une femme!...

Octave. — Chouette! on va voir de jolies femmes, car il y a de jolies femmes à Origny....

Raoul. — Tu peux rengainer ton espoir, ma porte est close, Christine a l'ordre formel d'éloigner toutes les visiteuses.

Octave. — Reçois-les pour moi.

Raoul. — Ça ne servirait à rien, tu n'es pas assez influent et je le suis trop, ma supériorité est trop grande, tu n'es pas de taille à lutter avec elle.

Octave. — Mais alors, que veux-tu que je fasse?

Raoul. — Une chose bien simple : renverse le ministère?

Octave. — A moi tout seul, je n'y arriverai jamais, ils sont trop!

Raoul. — C'est simple comme bonjour; tu n'as qu'à jouer de la « Trompette Nogentaise »; invente un bon petit scandale et le tour sera joué.

Octave. — Tu me demandes une chose impossible.

Raoul. — Ne serais-tu qu'un faux ami?

PLUS JE VOUS CONSIDÈRE, PLUS JE VOUS TROUVE BEAU

Octave. — Non, je ne suis pas un faux ami, non, mon vieux, non, mais.... Ah! sapristi, il me vient une idée.

Raoul. — Je savais bien que ce n'était pas en vain que je m'adressais à ton amitié, je savais bien que tu n'étais pas un imbécile!

Octave. — Merci!

Raoul. — (Chantant.)
        La victoire est à nous!... (Bis.)

Octave. — Mais je vais te soumettre à une rude épreuve.

Raoul. — Tu n'as qu'à parler, je suis prêt à la subir.

Octave. — Je file à Nogent et serai de retour dans trois quarts d'heure; mais si pendant mon absence il te vient des visites de jolies femmes, il faudra les recevoir.

Raoul. — Ce que tu m'ordonnes là est bien horrible.

Octave. — Il le faut cependant, et tu les inviteras à déjeuner.

Raoul. — Hein?

Octave. — Parfaitement! Au retour, je te délivrerai de ton cauchemar et je les prendrai à mon compte.

Raoul. — Elles ne voudront jamais.

Octave. — C'est ce que tu verras. Je te donne ma parole que je réussirai. C'est convenu?

Raoul. — C'est convenu! mais ne fais pas durer mon martyre trop longtemps.

Octave. — Le temps d'aller et de revenir.

Raoul. — Je vais te faire reconduire (Il sonne.) et donner des ordres à ma domestique; il faut que je lève la consigne.
(Chantant.)
Parmi tant d'amoureuses empressées à me plaire!...

SCÈNE IV

Les Mêmes, CHRISTINE.

Christine. — Oh! comme monsieur chante bien! Monsieur a sonné?

Raoul. — Oui, reconduisez monsieur : et jusqu'à son retour je suis ici pour les visiteuses.

Octave. — Les jolies femmes seulement.

Christine. — Les jolies femmes?

Octave. — Oui : vous savez bien reconnaître une jolie femme d'avec une laide?

Christine. — Pardine, c'est pas bien malin, on n'a pas besoin d'avoir été à l'école pour savoir ça!

Octave. — Et ce que M. Bardoin néglige de vous dire, c'est qu'il faudra préparer un excellent déjeuner.

Raoul. — Un succulent et copieux déjeuner.

MONSIEUR FAIT LÀ DE DRÔLES DE MANIGANCES

Christine. — En v'là des manigances!

Octave. — A tout à l'heure... tu seras content de moi... seulement, pas de blagues, hein?

Raoul. — Quoi? pas de blagues?

Octave. — Tu retiendras le gibier?

Raoul. — Tu peux compter sur moi. (Octave et Christine sortent.)

SCÈNE V
RAOUL, puis CHRISTINE, puis IRÈNE.

Raoul. — Cet animal d'Octave a toujours été très ingénieux, il n'a pas changé, il en pince toujours pour le beau sexe; je ne pouvais pas mieux tomber qu'en m'adressant à lui. C'est égal, je ne serais pas fâché de savoir ce qu'il pourra faire pour obtenir un résultat satisfaisant. (On sonne.) Allons! voilà la procession qui continue, je n'aurai pas eu longtemps la tranquillité désirée.
   (Chantant.)
      Viens, gentille dame....
Pourvu que la personne qui sonne à la grille soit vieille et laide!

Christine. — M'sieu! M'sieu!

Raoul. — Criez donc pas comme ça! Qu'est-ce qu'il y a?

Christine. — C'est Mme Frémichel!

Raoul. — Mme Frémichel?

Christine. — Oui, la femme du docteur.

Raoul. — Elle est jeune?

Christine. — Très jeune.

Raoul. — Et jolie?

Christine. — Elle est pas mal!

Raoul. — Quel malheur! Faites-la venir. (Christine sort, Raoul va recouvrir d'un voile le buste de Platon.) Oh! Octave! Octave! Dépêche-toi!

Christine. — Entrez, madame! (Elle s'efface pour laisser entrer Irène.)

Irène, après s'être assurée qu'ils sont seuls, vient au-devant de Raoul et lui prend les mains.) — Oh! mon cher monsieur Bardoin! Que vous êtes bon!

Raoul. — Donnez-vous la peine de vous asseoir, madame Frémichel!

Irène. — Ne m'appelez pas Mme Frémichel, appelez-moi Irène tout court, appelez-moi Irène et venez vous asseoir à côté de moi. (Elle est sur le canapé et indique une place à côté d'elle à Raoul, qui timidement vient s'y asseoir.) Oh! oui, vous êtes bon!

Raoul. — Non, je ne suis pas si bon que ça; j'ai l'air comme ça, mais je ne suis pas très bon.

LE PRÉSIDENT DU CONSEIL A TROUVÉ QUELQU'UN

Irène. — Oh! si, si! Mme Brabançon est furieuse; Mme Tardieu est désolée parce que ce matin vous leur avez consigné votre porte. Vous avez bien voulu me permettre d'approcher jusqu'à vous : vous êtes bon! (Elle lui passe le bras autour du cou.)

Raoul, se dégageant. — Écoutez, madame!

Irène. — Je préfère que vous m'appeliez Irène.

Raoul. — Si cela vous fait énormément plaisir, je le veux bien, je vous appellerai-z-Irène!

Irène. — Oh! que vous êtes bon!

Raoul. — Mais non, mais non, vous vous trompez, j'en ai l'air, mais je ne le suis pas.

Irène. — Et vous êtes beau. (Elle l'enlace à nouveau.)

Raoul, se relevant vivement. — Sapristi, madame! (Se reprenant.) Sapristi-z-Irène! Je ne voudrais pas avoir l'air de le faire à la pose avec vous, mais je sais que votre visite n'a qu'un but intéressé.

Irène. — Oh! mon ami, pouvez-vous penser cela?

Raoul. — Je le pense tellement que je vous invite à déjeuner.

Irène. — Vrai! (Se relevant.) Raoul! permettez-moi de vous appeler Raoul!

Raoul. — Ça a l'air de vous être agréable, et, comme c'est mon nom, je vous autorise à m'appeler Raoul.

Irène. — Je savais bien, Raoul, que votre cœur n'était pas insensible.

Raoul. — Pardonnez-moi-z-Irène, il l'est; il a l'air comme ça, mon cœur, de ne pas l'être, mais il l'est!

Irène. — Vous êtes bien l'homme que j'avais rêvé! Depuis le jour où je vous ai vu pour la première fois....

Raoul. — La première fois que vous m'avez vu, vous ne m'avez rien dit; vous avez peut-être pensé dans votre for intérieur...
(Chantant.)
Je voudrais bien savoir quel est ce beau jeune homme;
mais vous ne m'avez rien dit; seulement, quand mon cousin Charles Bardoin a été nommé ministre des affaires étrangères....

Irène. — Oh! vous supposez cela!

Raoul. — Je ne le suppose pas, j'en suis sûr.

Irène. — Eh! bien, oui! je me suis dit : Il pourra, grâce à son influence, supprimer le seul obstacle qui doit nous séparer, il trouvera pour mon mari, dont la clientèle est bien mince à Origny, un poste dans les colonies; entre ministres on doit se faire des gracieusetés; des affaires étrangères aux colonies, il n'y a qu'un pas, et alors, Alexandre....

Raoul. — Alexandre, c'est votre mari?

Irène. — Hélas! Alexandre, dis-je, sera chargé d'une mission quelconque; il partira loin, bien loin, je resterai seule avec Raoul, tandis que mon mari continuera à se faire une position dans les colonies.

CIEL! MADAME SOYARD

Raoul. — C'est très ingénieux, ça-z-Irène! C'est très gentil, mais il y a un empêchement.

Irène. — Taisez-vous, vous allez me dire que vous en aimez une autre, et je ne tiens pas à le savoir. (Elle tombe sur le canapé en sanglotant.)

Raoul. — Vous allez mouiller mon canapé-z-Irène, et les larmes tachent! Elles contiennent du chlorure de sodium. Ma petite amie s'appelle Ernestine, elle est dans les modes.

Irène. — Oh! fi! ne me parlez pas d'une telle femme, ce n'est pas la compagne qu'il vous faut. Pour un homme aussi bien que vous, il faut....

Raoul. — Une mission pour votre mari dans les colonies.

Irène. — Raoul, vous me torturez! (Elle s'approche de lui. On entend tinter la sonnette.) Quel intrus peut venir nous déranger?

Raoul. — C'est peut-être votre mari-z-Irène!

Irène. — Non, il sait que je suis ici, il ne viendra pas.

Raoul. — Alors, comme vous me restez à déjeuner, faites-moi le plaisir de passer dans ma chambre à coucher; défaites votre chapeau, enlevez votre manteau, j'irai vous rejoindre dans un moment.

Irène, tendant ses bras. — Oh! mon Raoul!

Raoul. — Ne vous attendrissez pas, ça n'est pas le moment. (Il la conduit à sa chambre à coucher, ferme la porte à double tour et met la clef dans sa poche.)

SCÈNE VI

RAOUL, puis CHRISTINE, puis MATHILDE.

Raoul. — Elle ne sortira de ma chambre que lorsque ce brave Octave sera de retour. Voilà quelqu'un qui arrive bien à propos.

Christine. — Monsieur, c'est encore une dame!

Raoul. — Jeune?

Christine. — Jeune et jolie.

Raoul. — Plus jolie que l'autre?

Christine. — Aussi jolie.

Raoul. — Quel malheur!

Christine. — C'est Mme Soyard!

Raoul. — Mme Soyard?

Christine. — La femme du pharmacien.

Raoul. — Ah! ça, la Faculté se donne rendez-vous chez moi, aujourd'hui?

Christine. — Où est donc passée l'autre?

Raoul. — Cela ne vous regarde pas! Introduisez Mme Soyard.

Christine, qui est remontée sur la terrasse. — Entrez, madame!

LA PETITE NOUVELLE SENSATIONNELLE

MATHILDE, dont le visage est couvert d'une voilette. — Laissez-nous, Christine.

(Christine se retire.)

RAOUL, s'inclinant. — Madame....

MATHILDE. — Vous devez me trouver bien imprudente, monsieur Bardoin !

RAOUL. — Non, madame. Donnez-vous donc la peine de vous asseoir.

MATHILDE, assise sur le canapé. — Nous sommes bien seuls, je puis retirer ma voilette ?

RAOUL. — Vous le pouvez, madame !

MATHILDE. — Eh ! quoi, monsieur Bardoin, vous ne me reconnaissez pas !

RAOUL. — J'avoue, madame, que je n'ai pas bien présent à la mémoire....

MATHILDE. — Et moi qui depuis si longtemps m'évertue à vous envoyer de doux sourires ; moi qui, assise dans mon tiroir-caisse, ne pense qu'à vous, qu'à vous dont l'image me hante jour et nuit !

RAOUL. — Je vous en prie, madame, n'exagérons pas !

MATHILDE, vivement. — Vous doutez de ma parole ? Ah ! ça, vous n'avez donc pas de cœur ?

RAOUL. — J'en possède un, madame, d'un modèle très réduit ; sous mon enveloppe épaisse cela peut paraître invraisemblable, cela est pourtant, et ce cœur, ce tout petit cœur de rien du tout, appartient tout entier à Ernestine.

MATHILDE. — Ma rivale !

RAOUL. — Ma bonne amie, tout simplement !

MATHILDE. — Quelque fille de rien, sans doute.

RAOUL. — Vous êtes dans l'erreur ; elle est gentille et pas exigeante.

MATHILDE. — Elle n'a pas de sang dans les veines, probablement ; c'est une fille du Nord !

RAOUL. — Elle est de Pont-à-Mousson, c'est une Musipontaine.

MATHILDE. — Moi, je suis de Cahors, je suis une Cadurcienne, et lorsqu'on est de Cahors et que l'on aime....

RAOUL, l'arrêtant du geste. — Tout ça c'est pour en arriver à me demander quelque chose : ne vous gênez pas, commencez par là ; après, vous pourrez à loisir me débiter toutes vos folies.

MATHILDE. — Quoi ! vous traitez ma passion de folie ?

RAOUL. — Mettons : passion, si vous le voulez bien, mais dites-moi quel service vous attendez de moi ?

MATHILDE. — Plus je vous considère, plus je vous trouve beau !

RAOUL. — Si vous saviez, madame, combien je me le suis déjà entendu dire !

MATHILDE. — Par votre maîtresse ?

AU N° 55 DE LA RUE DE L'ÉTAPE-AU-VIN

Raoul. — Ernestine me trouve à son goût, je suis son type ; mais il y a un tas d'autres femmes qui depuis six semaines... depuis que j'ai des relations avec les affaires étrangères....

Mathilde. — Ah! vous avez de la chance d'être le cousin du ministre!

Raoul. — Voilà une chance dont je me priverais volontiers.... Parlez-moi de votre bureau de tabac. (Il va s'asseoir à l'extrême gauche.)

Mathilde, se levant et s'approchant de lui. — Il n'est pas question de bureau de tabac.

Raoul, la reconduisant à droite. — Je vous en prie, madame, causons de loin, gardons chacun nos positions. (Il revient s'asseoir à l'extrême gauche.) Me voici tout prêt à entendre votre requête.

Mathilde. — Vous êtes si influent!

Raoul. — C'est entendu!

Mathilde, se levant. — Et je vous aime tant!

Raoul, la faisant asseoir du geste. — N'en parlons plus.

Mathilde. — Vous devriez faire donner les palmes académiques à Ernest.

Raoul. — Ernest! Qui est-ce, Ernest?

Mathilde. — C'est M. Soyard, c'est mon mari.

Raoul. — Ah! c'est pour faire décerner les palmes à votre mari que vous....

Mathilde. — Ce n'est pas une bien grande ambition ; depuis longtemps, il ne met que des fleurs à sa boutonnière, je serais flattée qu'il y eût autre chose ; c'est pour moi, uniquement pour moi, ce n'est pas lui, car certes, lui, ne demande rien, il n'a pas d'ambition, il ne veut rien porter.

Raoul. — Vous avez de l'ambition pour lui, vous tenez à ce qu'il porte quelque chose.

Mathilde. — Ici, il n'y a que maître Boufiat, l'avocat, qui soit honoré de cette distinction : si mon mari avait les palmes, Mme Boufiat en crèverait de jalousie.

Raoul. — Et c'est pour faire crever Mme Boufiat que vous venez vous jeter à mon cou?

Mathilde, se levant et se jetant sur lui. — C'est parce que vous êtes beau! C'est parce que je t'aime!

Raoul. — Eh! là! Eh! là! Eh! là! Pas tant de précipitation! (On sonne.) Sapristi, du monde, vous voilà compromise.

Mathilde. — Je suis au-dessus de la médisance! Je ne sortirai d'ici que lorsque vous m'aurez donné votre parole d'honneur....

Raoul, la conduisant à droite. — Entrez dans ma salle à manger et n'en bougez pas, je vais éloigner les importuns. Vous pouvez même enlever votre chapeau, je vous garde à déjeuner.

Mathilde, disparaissant à droite et lui envoyant des baisers. — Oh! oui, Raoul, tu es beau et je t'aime!

(Raoul ferme la porte et met la clé dans sa poche.)

NE ROUSPÉTEZ PAS, S'IL VOUS PLAIT!

SCÈNE VII

RAOUL, CHRISTINE, puis OCTAVE.

Christine, du dehors. — M'sieu! M'sieu!

Raoul. — Quoi? Quoi? Cette fille-là m'ahurit!

Christine, entrant. — C'est votre ami qui revient.

Raoul. — Enfin! ça n'est pas trop tôt! (Raoul va découvrir Platon, Octave entre avec quatre journaux sous le bras.) Christine, laissez-nous.

Christine, qui vient de constater que la porte de la salle à manger est fermée. — Y a plus d'clef!

Raoul. — C'est vrai, et ma chambre est également close. Allez voir sur la route si j'y suis et ne revenez que dans un quart d'heure.

Christine, en sortant par le fond. — C'est bon, on y va! Mais monsieur me permettra de lui dire qu'il fait là de drôles de manigances.

SCÈNE VIII

RAOUL, OCTAVE.

Raoul. — Eh! bien, ton moyen? La crise ministérielle?

Octave. — Sois heureux! Tu peux laisser ta porte toute grande ouverte, tout Origny sait que Bardoin n'est plus ministre des affaires étrangères.

Raoul, joyeux. — Sans blagues?

Octave, baissant le ton. — Personne ne peut nous entendre?

Raoul. — Si, parlons bas, mais dépêche-toi, tu me fais languir.

Octave. — Et la chasse?

Raoul. — Quelle chasse?

Octave. — Je croyais en revenant ici trouver bonne compagnie, et....

Raoul. — Mon cher, je t'ai mis une paire de poulettes au garde-manger.

Octave, lui serrant les mains. — Tu es un ange! Je te fais juge de mon coup de Trafalgar; si tu ne trouves pas assez de machiavélisme là-dedans, c'est que tu ne seras qu'un vulgaire serin.

Raoul. — Mets-moi vite au courant de la situation.

Octave. — Je suis arrivé à l'imprimerie au moment où on allait rouler sur *la Trompette Nogentaise*; d'un geste j'ai arrêté les machines; si tu m'avais vu arrêtant les machines, j'étais vraiment beau.

Raoul. — Je n'en doute pas.

ME VOILA DONC ÉTRANGER AUX AFFAIRES

Octave. — A la hâte, j'ai confectionné un canard sensationnel, je l'ai fait composer, il y a eu un tirage spécial de cent numéros pour Origny; en arrivant ici, j'en ai inondé le pays (Montrant ses journaux.) Voilà ce qui me reste. Pendant quarante-huit heures tu pourras dormir sur tes deux oreilles.

Raoul. — Et passé ce laps de temps?

Octave. — Tu te débrouilleras comme tu pourras, j'aurai bénéficié des quarante-huit heures (Dépliant un journal.) Déguste-moi ce morceau! (Il lit.) Dépêche de la dernière heure : « Au moment de mettre sous presse, nous apprenons que M. Charles Bardoin vient de donner sa démission de ministre des affaires étrangères pour cause d'affaires de famille; cependant il n'y aura pas de crise; le président du conseil a trouvé quelqu'un qui remplacera avantageusement M. Charles Bardoin. Le portefeuille des affaires étrangères a été offert à M. Landouillard, le député fumiste, qui a immédiatement sauté dessus. Landouillard est un peu le parent de notre excellent rédacteur en chef, M. Octave Daubrun. Sa nomination paraîtra à l'*Officiel* dans trois ou quatre jours. Nous donnons cette nouvelle sous toutes réserves. »

Raoul. — Il fallait la donner sans réserves.

Octave. — C'eût été trop osé! Cependant laisse-moi te dire qu'à l'heure qu'il est tout Origny te méprise.

Raoul. — Quel bonheur!

Octave. — Maintenant ne sois pas ingrat et présente-moi le gibier, tu jugeras de l'effet.

Raoul, lui remettant une clef. — Tiens! voici la clef de la porte de la salle à manger, ouvrons ensemble les souricières!

(Ils se dirigent à droite et à gauche et, après avoir donné deux tours de clef, ils disent :)

Ensemble. — Entrez, mesdames!

SCÈNE IX

Les Mêmes, IRÈNE et MATHILDE.

Irène. — Ciel! Mme Soyard!

Mathilde. — Oh! Mme Frémichel!

Raoul. — Entrez, mesdames, vous n'êtes pas de trop!

Irène. — Qu'est-ce que tout cela signifie?

Mathilde. — C'est une atroce comédie, sans doute.

Raoul. — Rassurez-vous, mesdames, nous ne vous ferons pas de mal. Vous aviez l'une et l'autre une requête à m'adresser, j'ai le regret de vous annoncer que je n'ai plus aucune influence.

Irène et Mathilde. — Hein?

Raoul. — Il n'y a plus ici qu'un homme influent, c'est mon ami Octave Daubrun, que j'ai l'honneur de vous présenter, mesdames. Octave, je te présente Mme Mathilde Soyard et Mme-z-Irène Frémichel, deux femmes charmantes.

Octave. — Plus que charmantes!

Raoul. — Tu serais bien gentil de faire voir à ces dames ta petite nouvelle sensationnelle.

Octave, remettant à chacune d'elles un journal déplié. — Prenez connaissance, mesdames, de l'entrefilet publié par *la Trompette Nogentaise*.

Irène, après avoir lu. — Ah! vraiment il se pourrait, monsieur?

Octave. — Octave Daubrun.

Irène. — Octave! Quel joli nom! (Elle lui prend le bras.)

Mathilde. — Alors, monsieur, vous êtes bien avec le nouveau ministre?

Octave. — Nous sommes à tu et à toi; nous avons fait la noce ensemble.

Mathilde. — Quelle chance! Vous habitez Nogent-sur-Seine?

Octave. — Oui, madame, au n° 35 de la rue de l'Étape-au-Vin; j'ai là une petite garçonnière.

Mathilde. — J'ai toujours rêvé visiter une garçonnière, je vais vous accompagner jusque chez vous.

Raoul, à gauche. — C'est adorable! (Chantant.)
Un instant de repos dans ces vertes campagnes.

Irène. — Je serai du voyage, si vous le permettez, chère madame.

Mathilde. — Mais comment donc, chère madame!

Octave. — Vous êtes adorables, mesdames, et je ne demande pas mieux que d'accéder à votre désir; mais avant de partir nous déjeunerons ici, chez notre bon ami Raoul Bardoin.

Irène. — Ah! pardon, j'oubliais que monsieur était là.

Raoul. — Ça ne fait rien, ça ne me gêne pas.

Mathilde. — Nous irons à Nogent tout de suite après le déjeuner.

Octave. — Madame est pressée!

SCÈNE X

Les Mêmes, CHRISTINE.

Christine. — Monsieur, vous n'étiez pas sur la route et mon déjeuner va brûler.

Raoul. — Vous pouvez aller mettre quatre couverts, ces dames et mon ami déjeunent avec moi.

Christine. — Alors, monsieur se met à recevoir?

Raoul. — Ne rouspétez pas, s'il vous plaît!

Christine. — Monsieur a dit : ne rouspétez pas?

Raoul. — C'est le déjeuner de la délivrance!

Christine, en sortant. — Bien! bien! j'y vais!

Raoul, bas à Octave en lui serrant la main. — Merci, mon vieux; très bien ton truc!

Octave. — Je t'ai sauvé la mise pour quarante-huit heures, mais après....

Raoul. — Sois tranquille, j'ai mon moyen; je vais passer à l'étranger; je vais choisir un coin bien calme et bien ignoré de la Suisse. (Chantant.)

Vallons de l'Helvétie....

J'y attendrai patiemment la chute du ministère.

Irène, sur le canapé. — Cher monsieur?

Mathilde, de même. — Monsieur Octave?

Octave, qui veut s'asseoir entre les deux femmes. — Je suis tout à vous, mesdames.

Irène, câline. — Vous vous occuperez de moi?

Octave. — Certainement.

Mathilde, doucereuse. — Vous ne me négligerez pas?

Octave. — Mais comment donc!

Raoul, tout seul à gauche. — Enfin, me voilà donc étranger aux affaires! (Chantant.)

Ah! qu'il est doux de ne rien faire!...

RIDEAU

38903. — Imprimerie Lahure, rue de Fleurus, 9, Paris.

EN VENTE À LA MÊME LIBRAIRIE

UN DES PLUS GRANDS SUCCÈS DE LA LIBRAIRIE MODERNE
Plus de cinq millions de volumes répandus sur tout le globe depuis l'apparition de cette Bibliothèque économique.

AUTEURS CÉLÈBRES
à 60 centimes le volume.
En jolie reliure spéciale à la collection **1 fr.** le volume.

Le but de la Collection des **AUTEURS CÉLÈBRES** est de mettre entre toutes les mains de bonnes éditions des meilleurs écrivains modernes et contemporains, pouvant en même temps tenir une belle place dans toute bibliothèque.

CHAQUE OUVRAGE EST COMPLET EN UN VOLUME

242. NOIROT (E.)	*A Travers le Fouta-Djallon et le Bambouc.*	
265. PAZ (MAXIME)	*Trahie.*	
347. PEARL (CORA)	*Mémoires.*	
95. PELLICO (SILVIO)	*Mes Prisons.*	
277. PERRET (P.)	*La Fin d'un Viveur.*	
226. PEYREBRUNE (G. DE)	*Jean Bernard.*	
127. PIGAULT-LEBRUN	*Monsieur Botte.*	
73. POË (EDGAR)	*Contes extraordinaires.*	
193. PONT-JEST (R. DE)	*Divorcée.*	
160. POUTCHKINE	*Doubrovsky.*	
188. POTHEY (A.)	*La Fève de Saint-Ignace.*	
274. PRADELS (OCTAVE)	*Les Amours de Bidoche.*	
6. PRÉVOST (L'ABBÉ)	*Manon Lescaut.*	
319. RAIMES (GASTON DE)	*L'Epave.*	
316. RATTAZZI (Mme)	*La Grand'Mère.*	
236. REIBRACH (JEAN)	*La Femme à Pouillot.*	
258. RENARD (JULES)	*Le Coureur de Filles.*	
35. RÉVILLON (TONY)	*Le Faubourg Saint-Antoine.*	
78. —	*Noémi. La Bataille de la Bourse.*	
136. —	*L'Exilé.*	
300. —	*Les Dames de Neufve-Église.*	
18. —	*Aventures de guerre.*	
356. RICHE (D.)	*Amours de Mâle.*	
346. RICHEPIN (JEAN)	*Quatre petits Romans.*	
77. —	*Les Morts bizarres.*	
330. RICHEBOURG (ÉM.)	*Le Portrait de Berthe.*	
353. —	*Sourcils noirs.*	
292. ROCHEFORT (HENRI)	*L'Aurore boréale.*	
354. ROGER-MILÈS	*Pures et Impures.*	
214. ROUSSEIL (Mlle)	*La Fille d'un Proscrit.*	
96. RUDE (MAXIME)	*Une Victime du Couvent.*	
126. —	*Le Roman d'une Dame d'honneur.*	
260. —	*Les Princes tragiques.*	
15. SANDEAU (JULES)	*Madeleine.*	
10. SAINT-PIERRE. (B. DE)	*Paul et Virginie.*	
80. SARCEY (FRANCISQUE)	*Le Siège de Paris.*	
138. SAUNIÈRE (PAUL)	*Vif-Argent.*	
150. SCHOLL (AURÉLIEN)	*Peines de cœur.*	
336. —	*L'Amour d'une Morte.*	
175. SÉVIGNÉ (Mme DE)	*Lettres choisies.*	
98. SIEBECKER (E.)	*Le Baiser d'Odile.*	
335. —	*Récits héroïques.*	
47. SILVESTRE (ARMAND)	*Histoires Joyeuses.*	
116. —	*Histoires folâtres.*	
165. —	*Maïma.*	
180. —	*Rose de Mai.*	
283. —	*Histoires gaies.*	
293. —	*Les Cas difficiles.*	
306. SILVESTRE (ARMAND)	*Les Veillées galantes.*	
206. SIRVEN (ALFRED)	*La Linda.*	
213. —	*Etiennette.*	
107. SOUDAN (JEHAN)	*Histoires américaines (illust).*	
71. SOULIÉ (FRÉDÉRIC)	*Le Lion Amoureux.*	
246. SPOLL (E. A.)	*Le Secret des Villiers.*	
20. STAPLEAUX (L.)	*Le Château de la Rage.*	
84. STERNE	*Voyage Sentimental.*	
39. SWIFT	*Voyages de Gulliver.*	
22. TALMEYR (MAURICE)	*Le Grisou.*	
5. THEURIET (ANDRÉ)	*Le Mariage de Gérard.*	
92. —	*Lucile Désenclos. — Une Ondine.*	
281. —	*Contes tendres.*	
79. TOLSTOÏ	*Le Roman du Mariage.*	
174. —	*La Sonate à Kreutzer.*	
200. —	*Premiers Souvenirs.*	
359. —	*A la Hussarde!*	
326. TOPFFER (R.)	*La Bibliothèque de mon Oncle.*	
327. —	*Nouvelles genevoises.*	
83. TOUDOUZE (G.)	*Les Cauchemars.*	
212. TOURGUENEFF (I.)	*Devant la Guillotine.*	
55. —	*Récits d'un Chasseur.*	
109. —	*Premier Amour.*	
302. UZANNE (OCTAVE)	*La Bohème du Cœur.*	
99. VALLERY-RADOT	*Journ. d'un Volont. d'un an (cour.).*	
25. VAST-RICOUARD	*La Sirène.*	
166. —	*Madame Lavernon.*	
257. —	*Le Chef de Gare.*	
341. VAUCAIRE (M.)	*Le Danger d'être aimé.*	
269. VAUTIER (CL.)	*Femme et Prêtre.*	
230. VEBER (PIERRE)	*L'Innocente du logis!*	
113. VIALON (P.)	*L'Homme au Chien muet.*	
356. VEBER (P.) & WILLY (H.)	*Une Passade.*	
88. VIGNON (CLAUDE)	*Vertige.*	
49. VILLIERS DE L'ISLE-ADAM.	*Le Secret de l'Échafaud.*	
100. VOLTAIRE,	*Zadig. — Candide. — Micromégas.*	
350. —	*L'Ingénu.*	
273. XANROF	*Juju.*	
275. YVELING RAMBAUD	*Sur le tard.*	
183. ZACCONE (PIERRE)	*Seuls!*	
3. ZOLA (ÉMILE)	*Thérèse Raquin.*	
45. —	*Jacques Damour.*	
103. —	*Nantas.*	
122. —	*La Fête à Coqueville.*	
181. —	*Madeleine Férat.*	
255. —	*Jean Gourdon.*	
203. —	*Sidoine et Médéric.*	

(Extrait du Catalogue)

Photographie GAUTIN & BERGER

62 rue CAUMARTIN
PARIS

HOTEL PRIVÉ

Téléphone

Le Grand Guignol

20 bis, rue Chaptal

Directeur artistique : OSCAR MÉTÉNIER
Secrétaire général : PAUL DORNANS

TOUS LES SOIRS
Comédies et drames inédits en un acte

Abonnements : CENT FRANCS par an
donnant droit à huit représentations inédites et à une entrée par semaine.

CHEMIN DE FER DU NORD

PARIS A LONDRES
VIA CALAIS OU BOULOGNE

Cinq services rapides quotidiens dans chaque sens

Trajet en 7h — Traversée en 1h
Tous les trains comportent des 2es classes

En outre, les trains de malle de nuit partant de Paris pour Londres et de Londres pour Paris à 9h du soir, et les trains de jour partant de Paris pour Londres à 3h 45' du soir et de Londres pour Paris à 2h 45' du soir via Boulogne-Folkestone, prennent les voyageurs munis de billets de 3me classe.

Départs de Paris :
Via Calais-Douvres : 9h, 11h 50' matin et 9h soir.
Via Boulogne-Folkestone : 10h 30' mat. et 3h 45' s.

Départs de Londres :
Via Douvres-Calais : 9h, 11h matin et 9h soir.
Via Folkestone-Boulogne : 10h mat. et 2h 45' s.

Services officiels de la Poste (*via Calais*).

La gare de Paris-Nord, située au centre des affaires, est le point de départ de tous les grands express Européens pour l'Angleterre, l'Allemagne, la Russie, la Belgique, la Hollande, l'Espagne, le Portugal, etc.

Le Moniteur DES Expositions

Organe de l'Exposition de 1900

Directeur : E. FLAMMARION
Rédacteur en chef : HENRY LAPAUZE

BUREAUX : 6, RUE LE PELETIER, PARIS

ABONNEMENTS : UN AN
France. 15 fr. | Étranger. 17 fr.

Les annonces sont reçues aux bureaux du journal

LE MONITEUR DES EXPOSITIONS
Organe de l'Exposition de 1900
BI-MENSUEL ILLUSTRÉ

Reçoit directement et publie toutes les *Informations et Documents officiels*.

Dans chaque numéro les travaux en cours sont étudiés avec des photographies à l'appui.

ÊTRE AVANT TOUT *le guide informé et sûr des futurs exposants en 1900, tel est le but du MONITEUR*.

Le MONITEUR se tient à la disposition de ses lecteurs pour les avis et renseignements de toute nature sur l'Exposition.

39043. — Imprimerie LAHURE, rue de Fleurus, 9, à Paris.

www.ingramcontent.com/pod-product-compliance
Lightning Source LLC
Chambersburg PA
CBHW060523050426

42451CB00009B/1129